JULES DAVASSE

JULES DAVASSE

I

En 1860, Jules Davasse, dans la force de la vie et dans
la plénitude de sa puissante nature, était certainement un
des médecins de Paris auquel souriait le plus bel avenir.
Esprit distingué, intelligence à la fois facile et profonde, caractère aimable, science acquise considérable,
relations nombreuses et sympathiques, clientèle crois-
sante, vigueur physique, tout semblait conspirer pour
préparer à notre ami une carrière heureuse et brillante.
A ce moment, une surdité d'abord douteuse, puis quelques vertiges annoncèrent le début d'une maladie de la
moelle épinière qui vient de se dénouer par la mort,
après vingt ans de souffrance, pendant lesquelles il vit
la déchéance atteindre progressivement toutes ses facultés. Son intelligence survécut longtemps et assista,
sereine et résignée, à la destruction graduelle de son
corps ; elle sombra, elle aussi, la dernière année de sa
vie; pour renaître quelques semaines avant la mort et
lui permettre de faire, à ses proches et à ses amis, un
dernier adieu, en pleine connaissance.

Jules Davasse ne fut pas seulement un médecin dis--

tingué et un grand écrivain ; de la race des grands
cœurs, auquel les vertus les plus héroïques constituent
comme une seconde nature, il fut un ami sûr dans la
vie ordinaire et un grand citoyen dans la vie publique.
Les journées de juin 1848, prélude avorté de la Commune de 1871, le trouvèrent au poste du danger; et la
décoration de la Légion d'honneur, réclamée par tout
son bataillon, lui fut accordée comme récompense de
sa belle conduite.

Les sacrifices coûtent peu à ces natures d'élite ; aussi
quand surgit, méchante et bête, la persécution contre
J. P. Tessier, à propos de la réforme de Hahnemann, il
resta fidèle à son maître et sut, comme Gabalda, Milcent,
Frédault, Ozanam, Maillot et Champeaux, son ami de
cœur, sacrifier son avenir dans les hôpitaux à ses
convictions scientifiques. Sacrifice qui semble encore
aujourd'hui stérile, puisque la plupart de ceux qui
l'ont accompli sont morts, sans voir ce qu'ils dési-
raient de toute l'ardeur d'un cœur honnête : l'accepta-
tion de la réforme thérapeutique par les médecins des
hôpitaux et de l'école.

Mais le devoir accompli, s'il n'a pas toujours et im-
médiatement sur les contemporains une influence déci-
sive, produit certainement sur celui qui n'hésite pas à
faire ce que dois, non-seulement une satisfaction inté-
rieure qui est à elle seule une récompense suffisante du
sacrifice, mais encore une élévation et un accroissement
des plus nobles facultés de l'âme. Le résultat le plus
évident de l'accomplissement héroïque de tous ses de-
voirs fut pour Davasse une augmentation considérable
de sa foi et une vie empreinte, dans tous ses détails,
des vertus chrétiennes les plus élevées.

C'est dans l'épreuve de la maladie qu'on put juger de la grandeur et de la force de son caractère. Dans les dernières années de sa vie, alors qu'en proie jour et nuit aux horribles souffrances de l'ataxie locomotrice, sourd et impotent, il souffrait dans tout son corps des douleurs qui chassaient le sommeil et des infirmités pires que les douleurs, il nous étonnait et nous consolait par sa parole si calme, son regard si doux et l'illumination de son visage qui, malgré des années de souffrance, avait conservé le charme de la jeunesse. Retiré dans la solitude de Ravenoville, soigné par sa femme et par sa fille, trop rarement par quelques-uns d'entre nous, il édifia tout son entourage par sa vie résignée et par sa mort toute chrétienne.

Maintenant, qu'autant qu'il était en nous, nous avons fait connaître l'homme, nous allons étudier l'écrivain et le médecin.

II

Né à Toulouse en 1819, J. Davasse vint à Paris avec ses compatriotes Roaldès et Gabalda. Adressé à J.-P. Tessier, il découvrit bien vite en lui un *maître,* c'est-à-dire un homme ayant puissance d'enseigner. Il s'attacha à lui, avec d'autant plus d'énergie, que sa foi médicale avait failli sombrer au contact de l'anarchie doctrinale qui régnait à Paris au moment où il y arriva.

En 1840, Broussais venait de mourir. Sa doctrine, battue en brèche depuis des années s'était effondrée, et aucun de ses élèves n'était de taille à reconstituer l'œu-

vre du maître. Les deux grands adversaires de Broussais, Chomel et Louis triomphaient et régnaient sur la
jeunesse médicale; autant que peuvent régner des
hommes sans doctrine et par conséquent sans enseignement autorisé. Louis, l'allié de Chomel dans sa
lutte contre Broussais, n'avait aucune intelligence médicale; laborieux et exact, croyant naïf de la statis-
tique en médecine et du sensualisme en philosophie, il
passa sa vie à recueillir des *observations* que personne
n'a jamais lues. Il eut la chance de voir et d'enre-
gistrer jour par jour et pour ainsi dire d'éditer ce travail colossal des médecins des hôpitaux qui aboutit à
la constitution de la fièvre typhoïde ; et, ironie des
choses d'ici-bas, c'était Broussais, qui le premier, avait
formulé la doctrine pyrétologique moderne, en affir-
mant sans hésitation que toutes les fièvres continues des
anciens se résument dans une maladie unique, la *gastro-
entérite* (fièvre typhoïde); c'était donc à lui que revenait
l'honneur de cette réforme, et ce fut Louis, son ennemi,
qui vulgarisa, sans la comprendre, cette vérité pyrétologique et c'est lui qui porte encore aujourd'hui la couronne
qui appartient à Broussais (1). Louis consacra encore une
grande partie de sa vie à démontrer que dans le traitement de la pneumonie on guérissait une demi-heure
plus tôt (ou plus tard, je ne m'en souviens plus et ne
m'en inquiète guère), avec la saignée qu'avec l'émétique,
contribuant ainsi à jeter dans les esprits le scepticisme
thérapeutique. Du reste, grand, sec, compassé ; aussi

(1) Nous verrons que J. Davasse, dans sa thèse inaugurale eut l'insigne honneur de compléter l'œuvre magnifique de la pyrétologie française en séparant et en distinguant de la fièvre typhoïde l'*éphémère* et
la *synoque*.

ennuyeux que vertueux, Louis eut une influence de coterie et qui s'éteignit avant lui.

Beaucoup plus médecin que son collègue, Chomel eut plus d'autorité, mais cette autorité tenait beaucoup plus à sa valeur personnelle qu'à ses doctrines, sorte de syncrétisme dont on peut prendre une idée dans sa *Pathologie générale* qui ne se lit plus aujourd'hui.

Si telles étaient les colonnes de la Faculté au moment dont nous parlons, jugez quelles devaient être les comparses. Trousseau et Bazin n'avaient point encore paru, au moins comme enseignement doctrinal, et ce n'était point la figure élégante mais sceptique d'Andral qui pouvait rattacher la jeunesse aux croyances médicales. Certes il y avait, même à cette époque, dans les hôpitaux de Paris, des hommes modestes et travailleurs qui honoraient la médecine par des recherches cliniques et nosographiques précieuses; mais ces hommes n'avaient pas d'enseignements doctrinaux; ils ne pouvaient ni ne voulaient être des *maîtres*.

Aussi, quand J. Davasse aperçut au-dessus de ces contradictions et de ces doutes, la figure sympathique et cependant empreinte d'une grande autorité de J.-P. Tessier; quand il put se convaincre qu'il trouverait chez cet homme une doctrine complète en physiologie comme en médecine, il s'écria : mon maître! Et depuis lors, malgré et peut-être à cause des contradictions et des persécutions, il resta avec nous, disciple fidèle autant que laborieux, et ne contribua pas peu au triomphe de la doctrine de l'essentialité des maladies (aujourd'hui universellement acceptée), sur la doctrine de l'organicisme.

Nommé interne au concours de 1843 dans un bon rang, il sut mériter l'estime et l'amitié de ses chefs et de ses collègues. Il publia en 1845, en colloboration avec le fougueux Deville, que les hommes de mon âge ne doivent point avoir oublié, un travail intéressant sur les *plaques muqueuses*, rudiment d'un traité complet de la syphilis que nous retrouverons dans un instant.

Vint le moment de faire sa thèse, moment solennel pour tout jeune médecin, mais qui dans notre école avait une importance particulière. J.-P. Tessier pensait avec juste raison, qu'il ne suffisait pas d'exposer didactiquement une doctrine, mais qu'il fallait pour ainsi dire, donner un corps à cette doctrine en montrant son application à des exemples particuliers. Préoccupé avant tout et comme base de son enseignement, de reconstituer les *espèces morbides*, niées par Broussais et perdues dans l'étude des lésions par ses successeurs, J.-P. Tessier distribua à chacun de nous, comme sujet de thèse, l'étude magistrale d'une maladie. La syphilis, la goutte, la scrofule, le cancer, l'éclampsie furent ainsi étudiées et reconstituées comme espèces morbides; à J. Davasse, comme au plus capable, revint l'honneur d'achever l'œuvre de la réforme pyrétologique française, en démontrant que dans la classe des *fièvres continues*, existaient, à côté de la fièvre typhoïde, deux espèces parfaitement naturelles, l'*éphémère* et la *synoque*.

La thèse de J. Davasse fut intitulée des FIÈVRES ÉPHÉMÈRES ET SYNOQUES, elle fut soutenue brillamment le 6 mai 1847, sous la présidence sympathique d'Andral et fut pour son auteur un véritable triomphe.

Voici en quels termes J. Davasse posait la question:

« Pendant une longue suite de siècles, les fièvres ont été l'objet le plus important de la pratique médicale, le sujet privilégié des théories : c'était en quelque sorte la question fondamentale de médecine. Jamais sujet ne fut la base de plus de travaux, l'occasion de luttes plus glorieuses... Aujourd'hui quelques années nous séparent à peine de ces dernières luttes, et cependant on cherche en vain le monument d'une si longue tradition. Le regard s'arrête à des ruines ; l'esprit n'interroge que des souvenirs.

« Cependant il reste autre chose que des souvenirs et des ruines sur le terrain où Broussais a passé. Le génie laisse toujours d'autres marques de lui-même.

« L'ardent réformateur ébranla sans doute l'édifice chancelant de la pyrétologie, mais ce fut pour lui donner des bases mieux affermies. C'est un spectacle curieux de le voir consolider à son insu l'œuvre qu'il voulait renverser. Quelles que fussent d'ailleurs ses intentions, ses efforts eurent ce résultat de montrer que toutes les unités pyrétologiques, artificiellement distinguées par les nosographes de son temps, n'étaient autre chose que les évolutions naturelles d'une seule et même maladie qui serait produite par l'inflammation du tube digestif ; et, réunissant en conséquence, le premier, sous une seule espèce, la *gastro-entérite*, les différentes fièvres disséminées jusqu'à lui, il préparait, par cette vérité, une ère de progrès dans la nosologie des fièvres. *Là était le germe de l'unité morbide de la fièvre typhoïde.* Mais Broussais ne s'arrêta pas à la vérité et il la dépassa par cette conclusion hardie : « *toutes* les fièvres essentielles des auteurs se rapportent à la gastro-entérite simple ou compliquée. »

« La science a reconnu la vérité émise par Broussais nous devons en séparer l'erreur. »

Aujourd'hui personne ne lit plus Broussais ; peut-être les médecins qui n'ont pas connu le bouillant révolutionnaire, et c'est maintenant le plus grand nombre, s'étonneront-ils de la persistance avec laquelle notre école rapporte au grand ennemi de l'ontologie l'honneur d'avoir constitué l'espèce morbide la plus importante parmi les maladies aiguës, la fièvre typhoïde. Il est inutile, je le pense, de déclarer que ce n'est point la sympathie pour un homme qui fut constamment à l'antipode de *toutes* nos doctrines, qui nous porte à soutenir ses titres à la solution du problème pyrétologique le plus important de la médecine pratique, c'est simplement le respect pour la vérité historique ; et on peut lire dans la thèse inaugurale du fils de Tessier (année 1872), une démonstration plus complète de cette vérité. Du reste tous ceux qui ont entendu ou lu Broussais sont unanimes à reconnaître que la puissance incontestable dont a joui cet homme, pendant plus d'un quart de siècle, tenait à un véritable génie, génie égaré, il est vrai, par de détestables doctrines, mais cependant incontestable.

Après avoir ainsi exposé l'état de la question, J. Davasse montre que la distinction de la fièvre typhoïde et des fièvres continues bénignes existait dans la tradition sous le nom de *synoque putride* et *synoque imputride* ; il montre ensuite cette distinction de la synoque et de la fièvre typhoïde disparaissant dans l'ivresse produite par la découverte de la lésion intestinale constante et caractéristique de la fièvre typhoïde. Chomel, lui-même, qui plus qu'un autre, à ce moment, représentait la tradition, semble avoir oublié complétement l'existence de la fièvre éphémère et de la synoque, qu'il ne mentionne même pas dans sa *Clinique médicale* en 1834. Ainsi les adversaires mêmes de Broussais arrivaient à la même conclusion que lui: il n'y a qu'une fièvre continue, caractérisée par l'inflammation des plaques de Peyer ; seulement au lieu de l'appeler gastro-entérite il l'appelait fièvre typhoïde. Cependant les praticiens ne pouvaient se laisser égarer par cette théorie exclusive ; des hommes tels que Kapeler, à Saint-Antoine, et Bazin à Saint-Louis, séparaient nettement la fièvre typhoïde de la synoque.

« Mais, dit J. Davasse, la distinction des fièvres *essentielles* fut surtout nettement posée, en 1842, à l'Hôtel-Dieu, par J. P. Tessier. Le premier, il distingua avec soin l'éphémère et la synoque de la fièvre typhoïde. » (Thèse inaugurale, p. 11).

Jules Davasse continue :

« Tel est l'état de la question.

« Il s'agit pour nous de reconstituer nosologiquement, et mieux qu'il n'a été fait encore, l'histoire de ces deux fièvres laissées depuis longtemps en dehors du mouvement scientifique : et le sujet n'est pas sans importance. »

Notre auteur montre combien la distinction de la synoque et de la fièvre typhoïde est nécessaire au point de vue du pronostic. Et de quelle importance il est pour le médecin de ne point confondre deux maladies aussi différentes, afin de ne point s'exposer à prédire, toutes es fois qu'il rencontre une fièvre continue, une maladie longue et dangereuse. Lieutaud dit à ce sujet : « ceux qui, par leur conduite autant que par leurs paroles, avaient fait attendre une longue maladie, sont un peu déconcertés de la voir finir en trois ou quatre jours. »

Jules Davasse entre ensuite en matière et décrit minutieusement l'éphémère et la synoque ; puis passant à la question séméiotique, il établit magistralement le diagnostic différentiel de la synoque et de la fièvre typhoïde bénigne, et, quoiqu'il fût privé des renseignements si positifs fournis par l'étude de la température, il donne des signes très-suffisants pour la distinction de ces deux espèces morbides. Après quelques mots sur le traitement, il termine par deux paragraphes : *nature de la maladie* et *revue historique*, dans lesquels il montre que l'éphémère et la synoque ont toujours été plus ou moins nettement distinguées et séparées de la fièvre typhoïde, par les grands médecins de toutes les époques, et que son travail ne fait que continuer l'œuvre de la tradition.

Il est donc incontestable que J. Davasse a eu l'insigne honneur de contribuer puissamment à la constitution de la pyrétologie moderne. Cet honneur qui remonte à J.-P. Tessier, notre maître, rejaillit sur toute notre école, et quoi qu'aujourd'hui nous soyons traités par nos confrères comme les parias de la médecine, ce grand fait historique ne sera point méconnu ; et la tradition, que nous avons si largement contribué à rétablir, nous vengera des mépris immérités de nos contemporains.

Comprendra-t-on maintenant notre indignation quand nous rencontrons des auteurs français qui, suivant honteusement les enseignements sans aucune valeur clinique des médecins allemands, touchent à l'arche sainte de la pyrétologie française et cherchent à ressusciter le cahos inepte des *fièvres muqueuses* et des *fièvres gastriques !* La découverte de la lésion intestinale par Petit

et Serres, le coup d'œil d'aigle de Broussais, les recherches persévérantes des médecins des hôpitaux pendant un quart de siècle, les statistiques et les observations de Louis, l'intervention beaucoup plus médicale
de Bretonneau (de Tours), les travaux de notre école,
si bien représentés par la thèse inaugurale de J. Davasse, ont établi qu'il existait trois fièvres continues :
'éphémère, la synoque et la fièvre typhoïde. Si nous
ajoutons que la distinction entre la fièvre typhoïde, le
typhus irlandais et la fièvre à rechute est maintenant
bien établie par des travaux récents des médecins an-
glais et russes, nous pouvons conclure que la nosologie des fièvres continues est aujourd'hui complète, et
qu'il ne doit pas être permis d'y toucher uniquement
pour revenir aux erreurs de la pyrétologie galénique.

En 1847 J. Davasse publia un mémoire fort intéressant sur les *stomatites* (1). Ce travail a le mérite considérable de donner la signification réelle des enduits de
la langue et de montrer que les *saburres* qui, pour
quelques esprits arriérés, sont encore aujourd'hui le
signe d'un état de putridité des *premières voies* et l'in-
dication positive de la *médication évacuante*, sont simplement le résultat de la mort et de la desquamation
de l'épithélium de la langue, desquamation, résultat
naturel des stomatites symptomatiques. Aussi on ob-
serve ces enduits jaunes et épais, à propos de la
plus légère amygdalite, que dis-je, de la simple
inflammation suscitée par une dent cariée comme dans la
fièvre typhoïde la plus grave et dans la pneumonie la
plus intense. J. Davasse par ce travail donnait donc le

(1) De la fluxion et de l'inflammation buccale dans le cours des maladies. Chez J.-B. Baillière.

coup de grâce à cette thérapeutique de portière, qui conclut toujours aux purgatifs et aux vomitifs. Ajoutons, à la gloire de la routine et de la bêtise humaine, que la méthode surannée des vomitifs, justifiée par les enduits de la langue, a survécu à la démonstration anatomo-pathologique de J. Davasse, comme la doctrine monstrueuse des quatre humeurs a survécu longtemps à la découverte de la circulation du sang.

Le *Traité de la syphilis*, publié en 1865, est la dernière œuvre magistrale de notre ami et comme son testament scientifique. Le titre du livre indique parfaitement et l'esprit dans lequel il a été écrit et le but qu'a poursuivi l'auteur : la *syphilis, ses formes, son unité*. La syphilis, séparée des autres affections vénériennes par Hunter et Ricord, était menacée dans son unité par les partisans du dualisme. J. Davasse décrit d'abord les cinq formes qui constituent la syphilis : *forme bénigne, forme grave* ou *confirmée, forme phagédénique, forme héréditaire, forme endoépidémique*. Ces formes comprennent tous les faits qui se rapportent à la syphilis et leur donnent leur véritable signification. Il démontra ensuite l'*unité* de la maladie en établissant, sur des observations cliniques incontestables, la transmission d'une forme par une autre forme. Si la syphilis bénigne et la syphilis grave étaient dues, comme le soutiennent les *dualistes*, à deux virus différents, elles constitueraient deux espèces distinctes et intransmissibles, comme toutes les espèces morbides ; jamais, en effet, la rougeole n'a transmis la scarlatine, ni la variole n'a transmis la rougeole. Il est établi que la syphilis bénigne transmet la syphilis grave et réciproquement ; il est établi par cela même qu'il s'agit ici de deux formes d'une même maladie et non pas de deux maladies différentes. Or cette démonstration clinique existe, J. Davasse l'a faite. Le Dr Gonnard, élève, lui aussi, de J.-P. Tessier, l'avait déjà établie dans sa thèse inaugurale ; et il faut l'aveuglement qu'engendre l'esprit de système pour soutenir encore aujourd'hui l'existence des deux virus. L'unité de la syphilis est faite, et elle a été faite par l'école de J.-P. Tessier, par J. Hélot et Gonnard, mais principalement par J. Davasse.

Nous engageons beaucoup ceux de nos lecteurs qui ne connaissent point le *Traité de la syphilis* de J. Davasse, à étudier cette œuvre; ils y trouveront non-seulement une description exacte et complète de la maladie, mais encore un choix d'observations cliniques extrêmement curieuses. Le charme du style, la netteté des descriptions, la sûreté des enseignements, ajoutent encore au mérite de l'ouvrage et en rendent la lecture aussi fructueuse que facile.

Nous avons encore à considérer J. Davasse comme *rédacteur en chef de l'Art médical*. Combien les lecteurs de notre revue ont perdu à la maladie de notre ami, maladie qui depuis dix-huit ans le tenait éloigné de la rédaction. Esprit correct et méthodique, ce n'est pas lui qui aurait laissé passer les *incorrections typographiques* qui, hélas ! émaillent trop souvent nos colonnes depuis que je suis chargé de la rédaction. Ces incorrections ont souvent troublé J. Davasse dans son exil, et il s'en plaignait à moi avec sa douceur et sa grâce accoutumées. Je promettais de mieux faire, mais je retombais toujours « natura repugnante omnia vana. »

Non-seulement J. Davasse apportait le plus grand soin au côté matériel de notre œuvre commune, mais il en maintenait très-élevé le niveau scientifique. Comme rédacteur il prêchait d'exemple, et fournissait des travaux de longue haleine du plus grand mérite, parmi lesquels il convient de citer : les *Vomissements dits incoercibles de la grossesse*, la *Belladone dans la scarlatine*, la *Grippe et la pneumonie grippale*, *Notes sur la glycérine*, la *Passion iliaque*, *Etat actuel de la pyrétologie* (1861). D'autres fois il produisait des travaux plutôt littéraires que scientifiques, comme son mémoire sur les *charmeurs de serpents*, une esquisse sur Magendie, Récamier et J.-P. Tessier, son grand travail sur Milcent et l'école de J.-P. Tessier. Souvent dans les *Variétés* il lâchait la bride à son esprit méridional et écrivait des articles étincelants de verve et de malice.

Non-seulement J. Davasse était un rédacteur très-assidu, mais il savait exciter le zèle de ses collaborateurs et obtenir, en *temps utile*, les articles nécessaires pour remplir fructueusement les cinq feuilles d'impression dont il se regardait comme absolument responsable chaque mois.

Nous ne pouvons terminer cette étude, bien incomplète, sans parler de J. Davasse comme écrivain. Ses livres, ses articles de journaux sont écrits avec une correction et une éloquence que nous ne sommes point habitués à rencontrer dans les travaux purement scientifiques. Le secret de cette élévation de style, qui fait le charme de tout ce qu'a écrit J. Davasse, tient à ce qu'il était poëte. Sa nature artistique se trouvait à l'étroit dans les cadres secs et arides de la nosographie, et quelquefois il se laissait emporter dans le monde idéal de la poésie; les jeux floraux, souvenir du pays, l'ont attiré quelquefois, et il en a rapporté plus d'une fleur.

Nous citerons le commencement d'une *élégie* qui a remporté le prix aux *jeux floraux*. On retrouvera dans cette élégie écrite, il y a quelques années, dans la retraite de Ravenoville, sur les bords de l'Océan, le talent et l'âme de notre ami; il était déjà bien malade.

A TOULOUSE.

LES ADIEUX.

I

Comme le daim blessé, las des courses lointaines,
Aux abois,
Vient, avant de mourir, se mirer aux fontaines
Des grands bois ;

Dans la source limpide où le ciel se reflète
Il croit voir
De l'aube de la vie et du printemps en fête
Le miroir ;

Pendant que le poursuit la meute haletante,
Et le cor
Sonnant dans les halliers, la fanfare sanglante
De la mort.

Résigné, méprisant la clameur furibonde,
Et les yeux
Mouillés de pleurs, il jette à la forêt profonde
Ses adieux.

Ainsi, quand de mes maux sans nombre tourbillonne
L'essaim noir ;
Quand l'ombre, chaque jour, plus haute m'environne
Sans espoir,

Aux échos murmurants du passé plein de charmes
J'obéis,
Et je reviens à toi, dans mes dernières larmes,
Mon pays !

Aux bords de l'océan, sur le sable des grèves,
Exilé,
Vers toi, par la pensée et l'essor de mes rêves,
Rappelé,

Berceau de mon enfance, où j'ai laissé la tombe
Des aïeux !
A toi mes souvenirs ! et, lorsque la nuit tombe
Mes adieux !

III.

Et maintenant que la mort a fait son œuvre, on peut appliquer à J. Davasse cette ancienne inscription qui se lit à l'entrée d'un cimetière romain : *Heureux le mort parce qu'il s'est reposé.* Il s'est reposé de ses travaux, des contradictions de la vie et des souffrances si prolongées de la maladie ; il s'est reposé avec notre maître, J. P. Tessier. Là il a retrouvé Timbart, Escallier, Gabalda, J. Hélot, Milcent, Maillot, Champeaux, les prémices de cette pléiade d'internes qui sacrifièrent, avec la générosité propre à la jeunesse, leur avenir dans les hôpitaux à leur attachement pour ce qu'ils regardaient comme la vérité thérapeutique ; et aussi, il faut le dire, car ce sentiment leur fait encore honneur, à l'amitié pour un maître injustement persécuté. Ceux qui survivent sont vieux et fatigués, mais non découragés ; l'œuvre ingrate qu'ils poursuivent les retrouve tous les jours sur la brèche ; et, bien que persuadés qu'ils sont trop vieux pour assister au triomphe de la réforme thérapeutique, ils ne doutent pas un seul instant de ce triomphe. Et comment en douteraient-ils? L'étude aujourd'hui généralisée de l'action physiologique des médicaments, la loi de similitude démontrée par les travaux de leurs adversaires mêmes, les doses petites remplaçant les médications perturbatrices, la proscription générale de la polypharmacie et jusqu'à la vulgarisation des granules ne constituent-ils pas des signes suffisants du triomphe prochain de la vérité. Sans doute, nous n'aurons point la satisfaction d'assister à cette victoire et nous ne goûterons point la joie des triomphateurs; mais nous sommes d'une école où l'on enseigne « que celui qui plante n'est rien, non plus que celui qui arrose; mais que tout vient de Dieu seul, qui donne l'accroissement ». Et quand nous aurons rejoint J. Davasse dans les hautes régions où règne la vérité absolue, que nous ferons les hochets des succès terrestres!

Quant à vous, anciens collègues, qui avez eu la faiblesse de vous joindre à nos persécuteurs, c'est vous qui êtes à plaindre. La guerre que vous nous avez faite est une guerre injuste parce que nous n'étions point des inconnus pour vous. Vous avez vécu dans notre intimité, pendant les jours si heureux de l'internat; vous avez été nos collègues et vous avez manqué à cette confraternité sacrée que, malgré vos mauvais procédés, nous n'avons, nous, jamais oubliée. Vous savez bien que nous ne sommes ni des *ignorants*, ni des *charlatans*; notre vie, honnête, a toujours été sous vos yeux, et cependant vous vous êtes joints à nos persécuteurs; vous êtes les complices de ceux qui, après nous avoir retiré la possibilité de travailler à cette science que nous aimons au point que vous voyez, en nous empêchant d'arriver aux hôpitaux, nous ont refusé la considération à laquelle tout médecin honnête a droit.

Je le répète, c'est vous qui êtes à plaindre ; et je vous souhaite de vivre assez longtemps pour que le triomphe de la réforme thérapeutique à laquelle nous nous sommes sacrifiés vous force à vous écrier : Oui, J. Davasse et ses amis étaient bien dans la vérité !

P. JOUSSET.

Paris.—Typ. A. PARENT, rue Monsieur-le-Prince, 29-31.